Este libro pertenece a:

_____

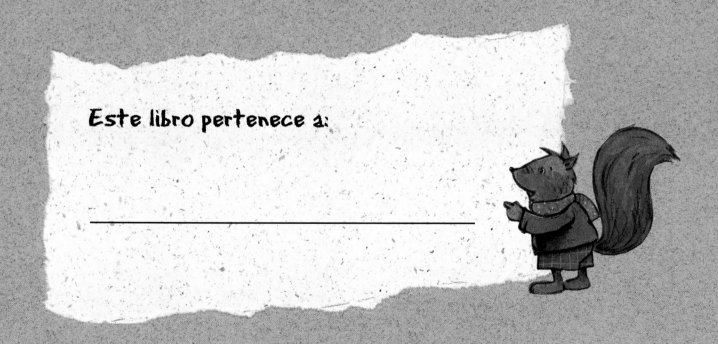

Título original: *Une fessée, s'il vous plaît!*

Editor
Panamericana Editorial Ltda.-

Edición
Mireya Fonseca Leal

Traducción y adaptación
Patricia Torres

Ilustraciones
Nancy Delvaux

Primera edición Hemma Editions – BELGIUM
Primera edición en Panamericana Editorial Ltda., febrero de 2006

©Hemma Editions – BELGIUM
© De la traducción al español, Panamericana Editorial Ltda.
Calle 12 N° 34-20
Tels.: 3603077 – 2770100
Fax: (57 1) 2373805
e-mail: panaedit@panamericanaeditorial.com
www.panamericanaeditorial.com
Bogotá, D.C., Colombia

ISBN: 958-30-1886-4

Impreso por Panamericana Formas e Impresos S.A.
Calle 65 N° 95-28. Tels.: 4302110 – 4300355. Fax: (57 1) 27663008
Quien sólo actúa como impresor.

Impreso en Colombia   Printed in Colombia

Legrand, Martine
    Una nalgada por favor / Martine Legrand ; traducción y adaptación
Patricia Torres ; ilustraciones Nancy Delvaux. -- Bogotá : Panamericana
Editorial, 2005.
    28 p. : il. ; 22 cm. -- (Golpe de corazón)
    ISBN 958-30-1886-4
    1. Cuentos infantiles franceses 2. Osos panda – Cuentos infantiles
I. Torres, Patricia, tr. II. Delvaux, Nancy, il. III. Tít. IV. Serie.
I843.91 cd 19 ed.
AJE8873

    CEP-Banco de la República-Biblioteca Luis Ángel Arango

¡Una nalgada, por favor!

Una historia de Martine Legrand
ilustrado por Nancy Delvaux

PANAMERICANA
EDITORIAL

Tiernamente a mi pequeña Léa.

Nancy

Al caer la tarde, Choco iba caminando por
el sendero de almendros con su amigo Grisbi,
una ardilla chiquitica, chiquitica. Iban
conversando animadamente y gesticulando.

De repente, Grisbi se detuvo
y se bajó el pantalón.
—¿Qué te pasó? —le preguntó
Choco— ¿Te pegaron?

—Sí, y me dieron una
tremenda nalgada.
Bajo su cola frondosa,
justo en medio del
trasero, la ardillita tenía
marcada la mano de su
papá.

"¡Qué suerte tiene Grisbi!", pensó Choco.
Todos sus amigos ya habían recibido una palmada en las nalgas, por lo menos una… Pero a él, Choco, ¡nunca, nunca le habían pegado!!

Y su sueño, obviamente, era recibir un día unas buenas nalgadas… igual que Grisbi. Qué sueño tan curioso, ¿verdad?

Al llegar a casa, Choco se acostó en el sofá con su caja de cereales y se puso
a pensar: después de todo, si quería una nalgada sólo tenía que buscársela y
había una cantidad de diabluras que podía inventarse para que lo castigaran.
Por ejemplo… ¡claro!

Rápidamente Choco se subió a un asiento y bajó del estante de arriba, uno por uno, los cincuenta y seis frascos de mermelada de bambú... Todas las reservas para el invierno.

"¡Ajá!", se dijo, muy contento. "Esto no se debe hacer, me lo tienen absolutamente prohibido. ¡Apuesto a que me van a castigar! Ya es hora, ¡tengo cinco años!"

Un poco más tarde…

Los padres de Choco volvieron del trabajo, abrieron la puerta de su casa y…
¡Qué desorden! Había frascos rotos y regueros de mermelada de bambú por todas
partes, y en medio de todo estaba Choco, dormido, despaturrado sobre el tapete
y con la barriga hinchada.

–¡Mi pequeñín! –gritó la mamá.
–¡Mi niño! –exclamó el papá.
–¡Pobrecito! –suspiró la mamá.
–Deberíamos pasar más tiempo con él…
–añadió el papá.
Los papás de Choco acostaron a su pequeño
en la cama y lo arroparon bien.

–¡Ay! ahora no tengo ganas de ordenar, estoy muy cansada –dijo la mamá.

–Mañana, ordenaremos mañana –replicó el papá. Y añadió:

–Mañana tendré que hablar con Choco, tengo que explicarle…

–Mañana –lo interrumpió la mamá–, lo haremos mañana.

Y se pusieron a mirar televisión.

A la mañana siguiente, Choco Lateblanco estaba sentado en un banco en el patio del colegio, con la cara un poco amarillenta. Los otros niños lo rodeaban.

–¿Te comiste los cincuenta y seis potes de mermelada de bambú? Y ¿qué dijeron tus padres? ¿Te dieron unas buenas palmadas?

–No, nada de nada. Ni regaño ni nalgada –contestó Choco, decepcionado.

14

–¡Qué suerte la tuya! –exclamaron en coro sus amigos, ántes de desperdigarse por el patio detrás de un balón.

Pero el pandita regordete se quedó allí, solo y triste, sentado sobre ese pequeño trasero al que le hubiera gustado tanto, pero tanto, recibir unas buenas palmadas.

De repente, Choco Lateblanco se levantó. Como sus padres no querían reprenderlo, ¡pues entonces trataría de que lo castigaran en otra parte! Y he aquí que, por una ventana, Choco vio a su maestra pegando dibujos en las paredes del salón.

Lucy Tucru era una vieja lechuza muy arrugada y simpática.
–¡Oh!, eres tú, Choquito. ¿Quieres algo?
–Sí, señorita, quiero… quiero que me dé unas nalgadas, por favor.

Sorprendida, la maestra miró a su alumno
por encima de los anteojos.

Unas nalgadas, pero ¡por qué? ¡Choco no se las merecía!
¡Al contrario! Y para probárselo, le estampó un besote en cada mejilla.
¡Pobre, pobre Choco, a él que le hubiera gustado tanto recibir una buena
nalgada en lugar de un beso!

Pasaron unos días…

Y al domingo siguiente, Choco Lateblanco fue a visitar a su padrino Juancho, un ciervo flacuchento, grande y muy chistoso, que tenía unos cuernos despeinados y se reía de cualquier cosa.

—Hola, jovencito, jo, jo, jo. Mi Chocotico tico tico, ¿qué te trae por aquí?

—Padrino, ejem, por favor, mmmm, ¡dame una nalgada!

—¿Una nalgada? ¿Quieres que yo, Juancho, te dé una nalgada? ¡De ningún modo! Te has vuelto tan grande y gordo que eres tres veces más fuerte que yo. ¡Y si te llego a tocar, me vas a hacer papilla!

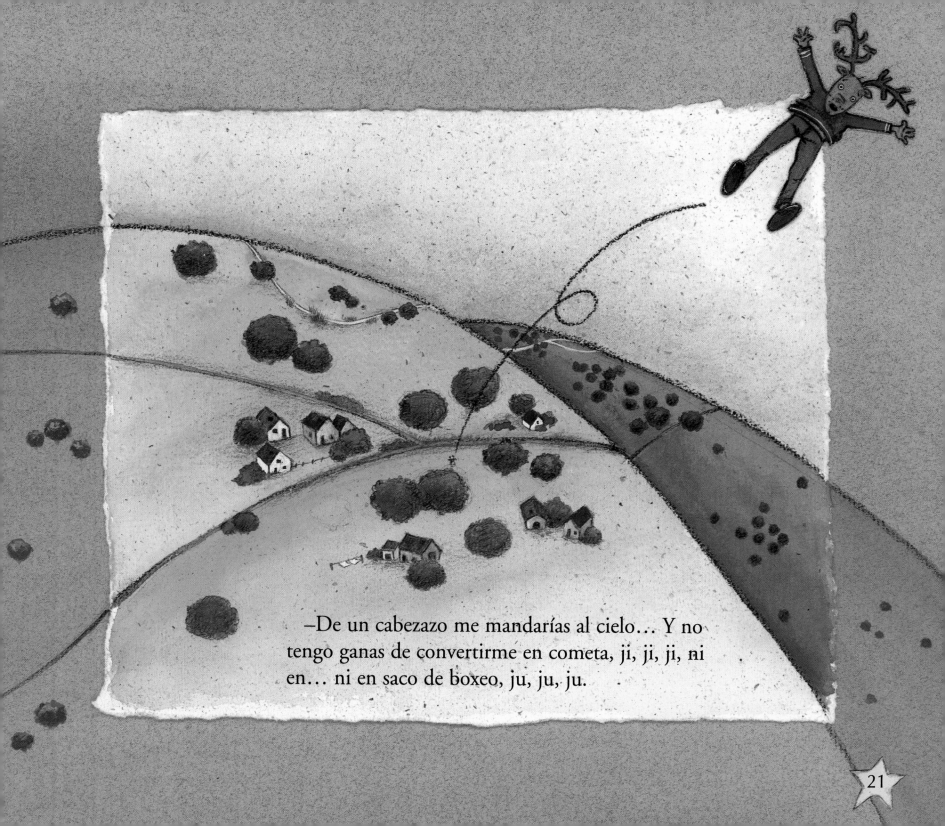

–De un cabezazo me mandarías al cielo… Y no
tengo ganas de convertirme en cometa, ji, ji, ji, ni
en… ni en saco de boxeo, ju, ju, ju.

Bromeando, Juancho hizo como si boxeara con Choco, pero el panda
no tenía ganas de reírse: hoy tampoco recibiría unas buenas nalgadas.

Finalmente un sábado, Héctor, su amigo castor, lo invitó a su fiesta de cumpleaños.
Parece que iba a haber chicas y Choco estaba muy entusiasmado.

Cuando iba por el camino del arroyo, Choco escuchó los compases de la música. "¡Recórcholis! la fiesta ya empezó", pensó, y apresurándose, se lanzó de un salto al puentecito de troncos que conducía a la casa de su amigo.

Pero el peso de Choco hizo que la madera se rompiera y… ¡cataplum! el panda fue a dar de narices en el barro. Al ver el puente roto, Papá Castor, que era un señor de muy mal carácter, se puso en seguida a gritar y a vociferar.

Avergonzado, Choco se quedó dentro del agua en cuatro patas, mientras su pequeño y mullido trasero sobresalía como una isla en medio del arroyo. Entonces Papá Castor se acercó… y ¡pam! Le dio un golpe en la nalga derecha. Y luego ¡pum! ¡Le dio un golpe en la izquierda!

¡Pam! y ¡pum!

–¡Ay, ay, ay! ¡Cómo duele! –empezó a quejarse Choco.
Un poco sorprendido, Papá Castor dejó de golpearlo y dijo:
–Bueno, es suficiente por hoy. ¡Pero realmente te merecías esas nalgadas!

Una nalgada… Choco
finalmente había recibido lo
que quería: unas buenas
palmadas en las nalgas…
¡Entonces así era la cosa!

El panda se sobó la colita, ay, ay,
ay y sonrió: ahora ya sabía, como
todos sus amigos, lo que era una
nalgada… Y, al igual que ellos,
trataría de no volver a recibir otra
nunca más.

En seguida Choco invitó a bailar a una cabrita de su clase, la de los lindos ojos verdes, ¡y se olvidó de las nalgadas!

Con el corazón contento, comenzó a mover su mullido traserito.